ESTE LIBRO PERTENE A:

- -

CastSeller LLC
Todos los derechos reservados.
ISBN: 9798367406788

INSTRUCCIONES

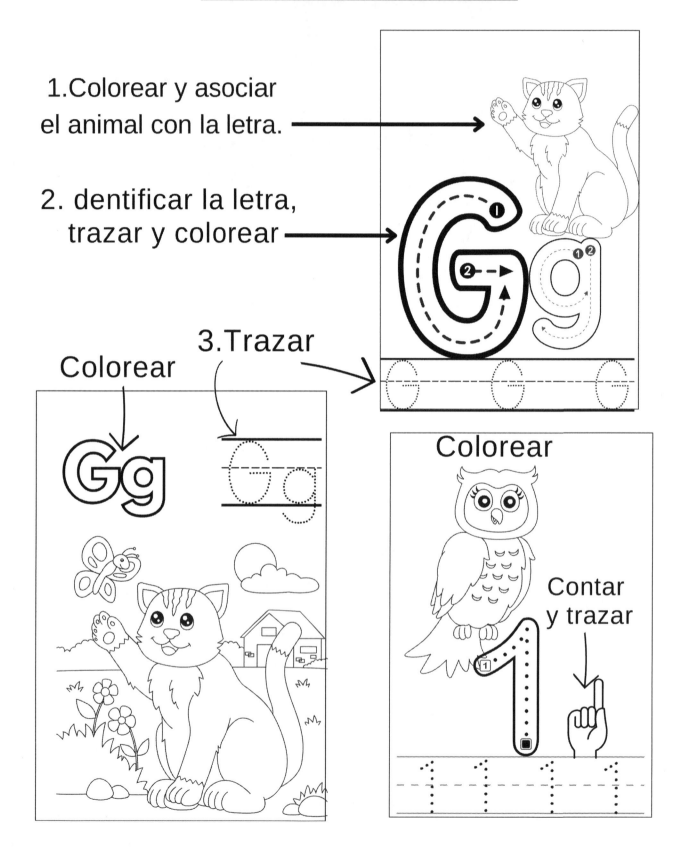

1.Colorear y asociar el animal con la letra.

2. dentificar la letra, trazar y colorear

3.Trazar

Colorear

Colorear

Contar y trazar

Aa

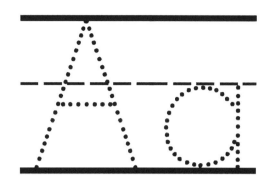

D d

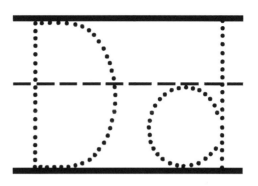

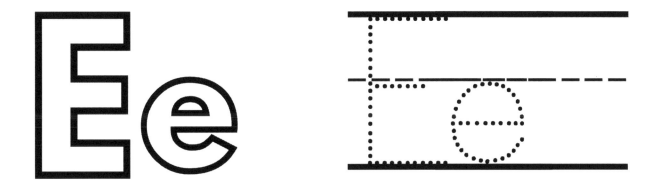

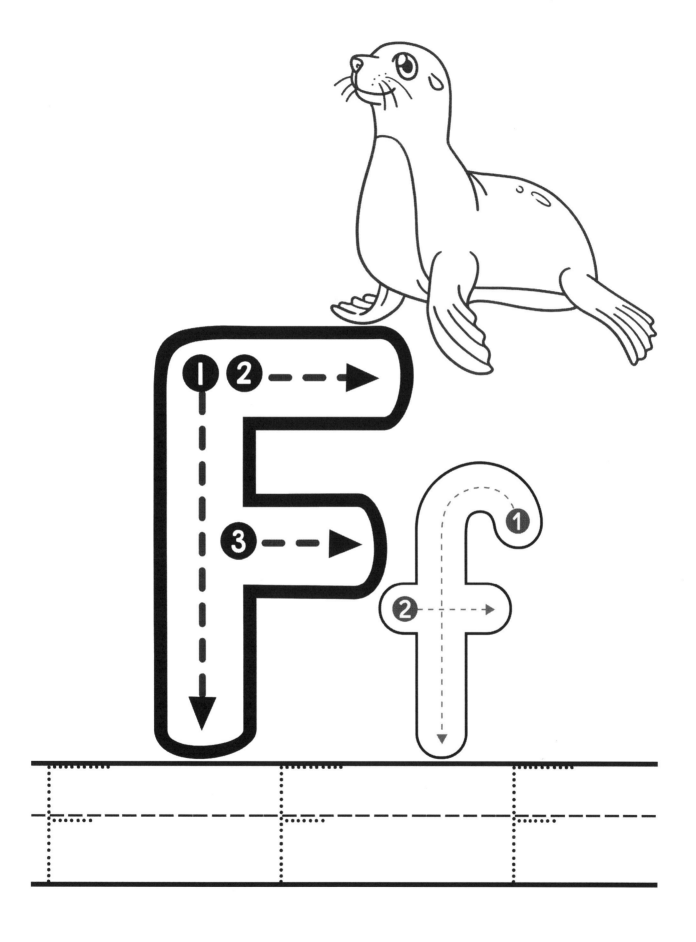

Gg

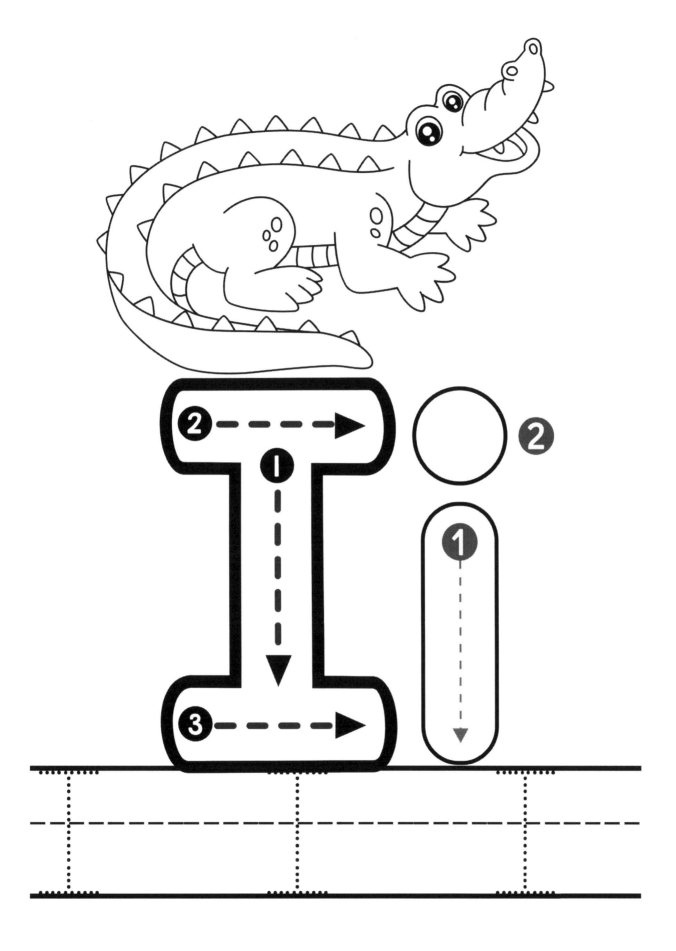

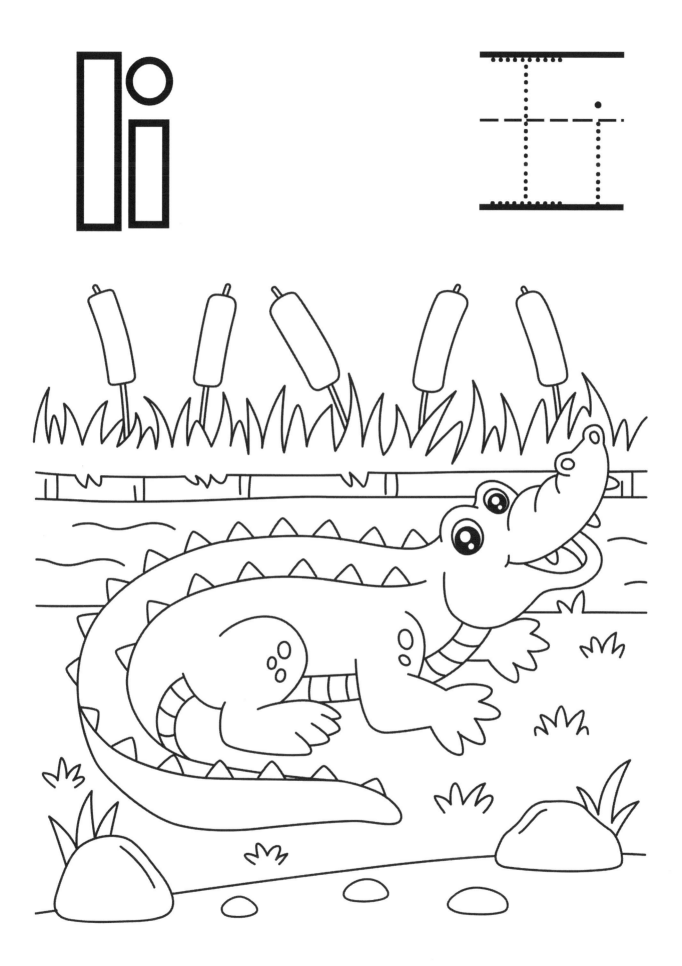

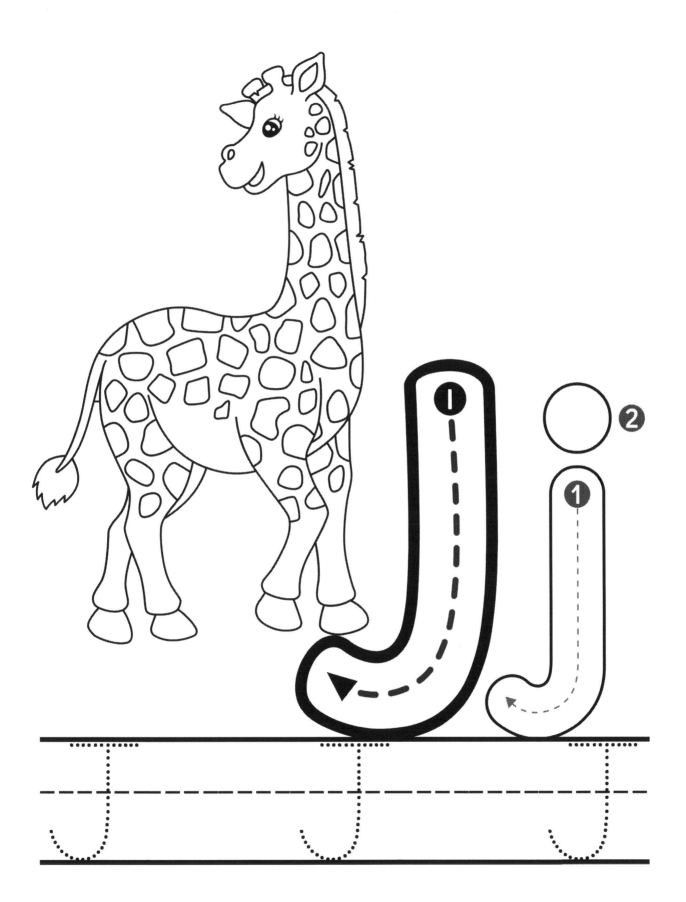

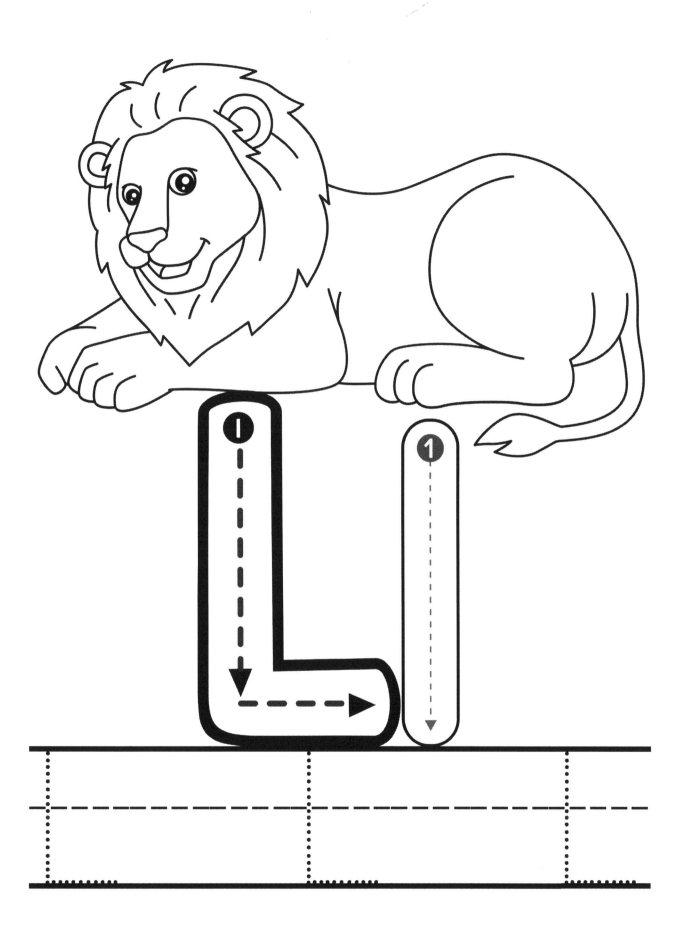

N n

Ññ

P p

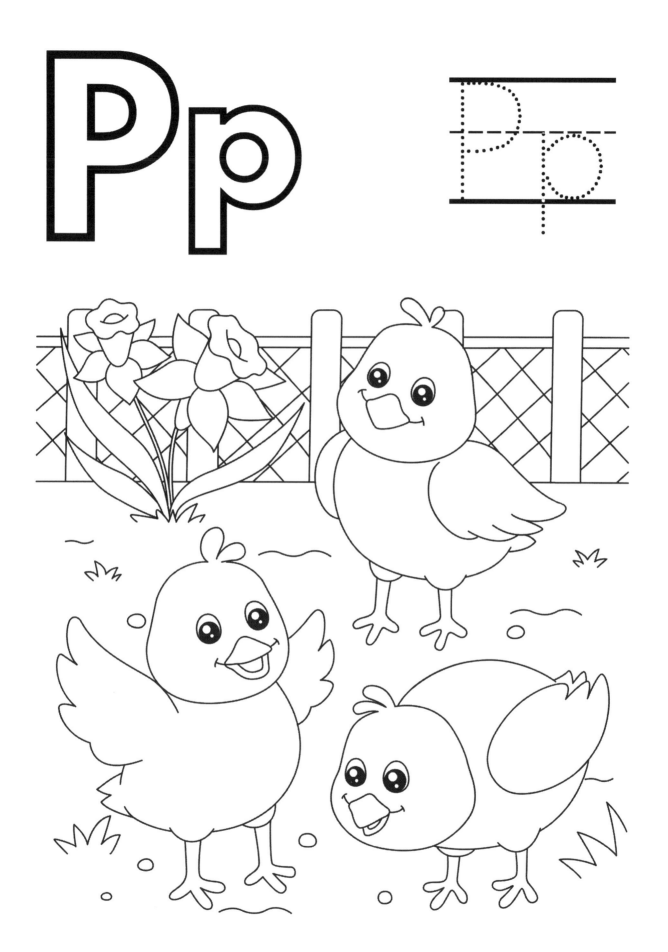

Rr

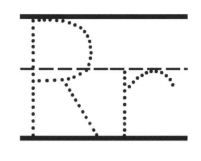

S s

S s

U U u

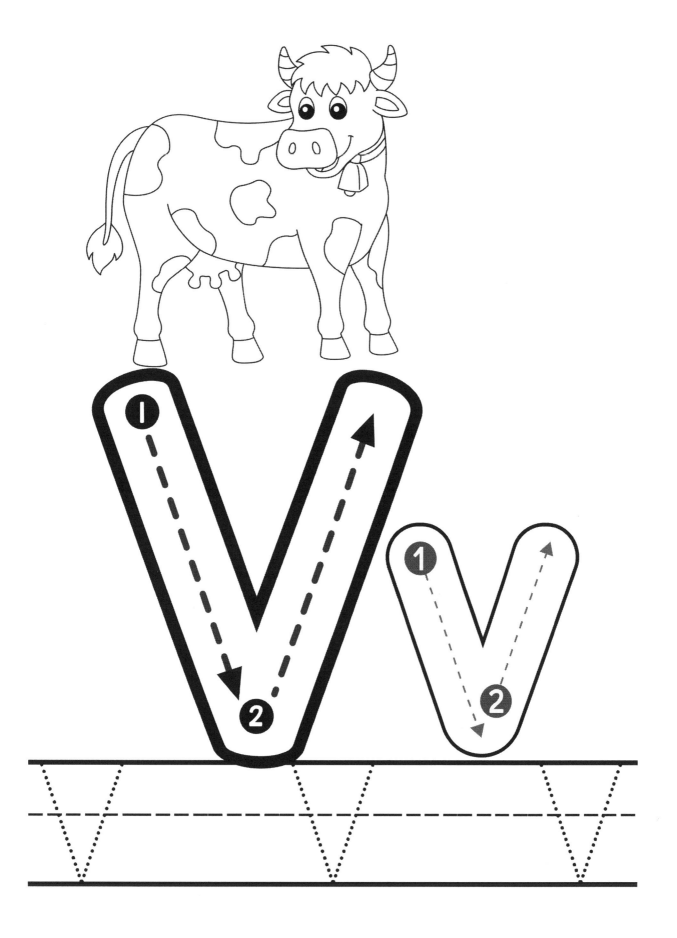

Ww

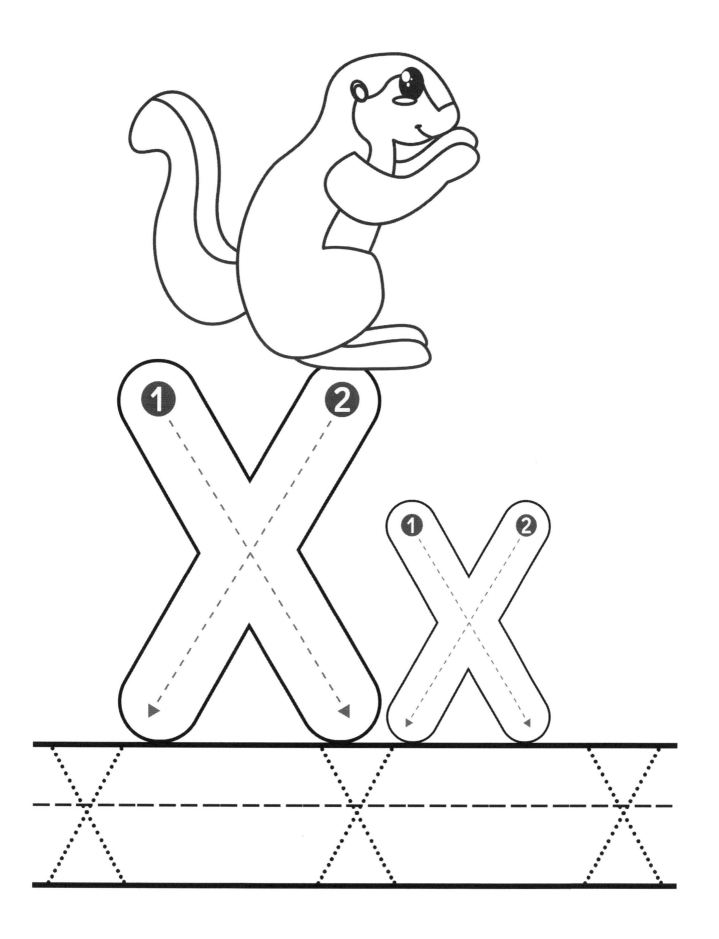

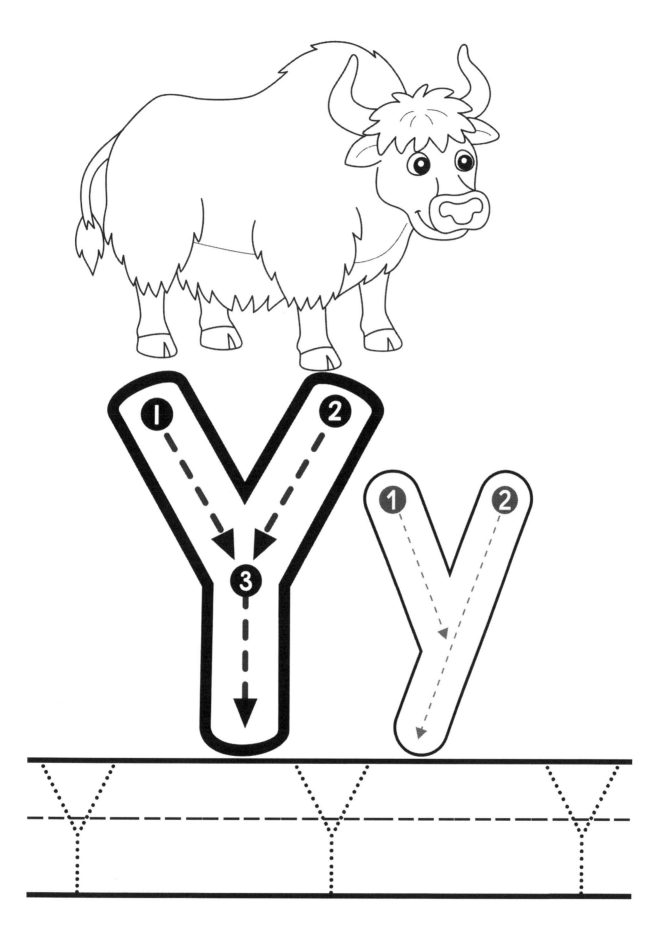

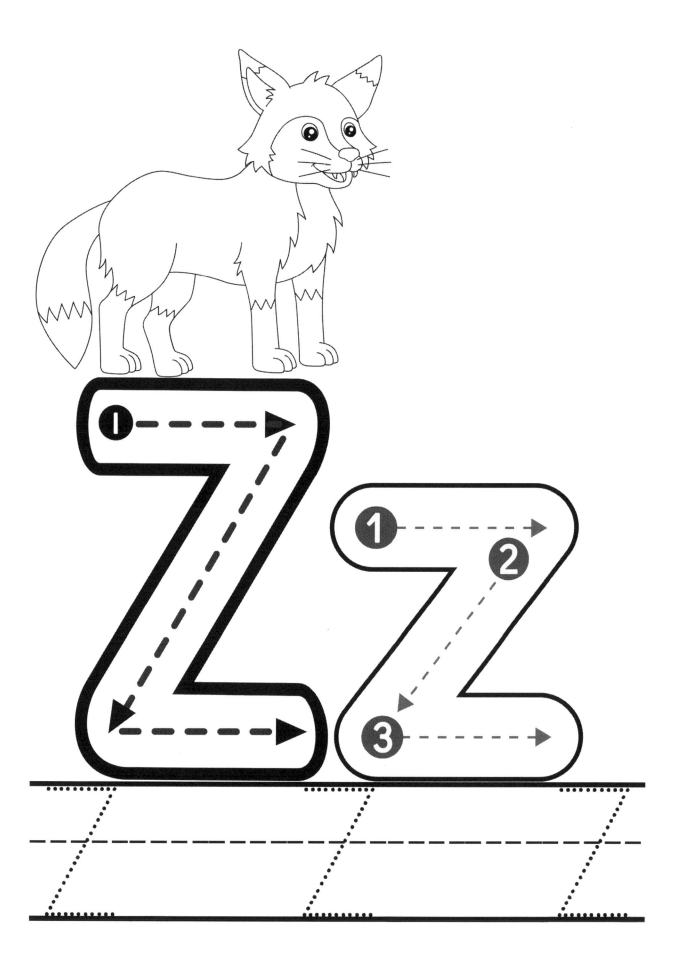

Zz

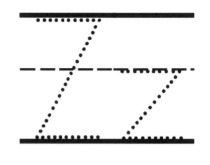

IDENTIFICA LOS
NÚMEROS Y COLOREA

1 2 3 4

5 6 7 8

9 10

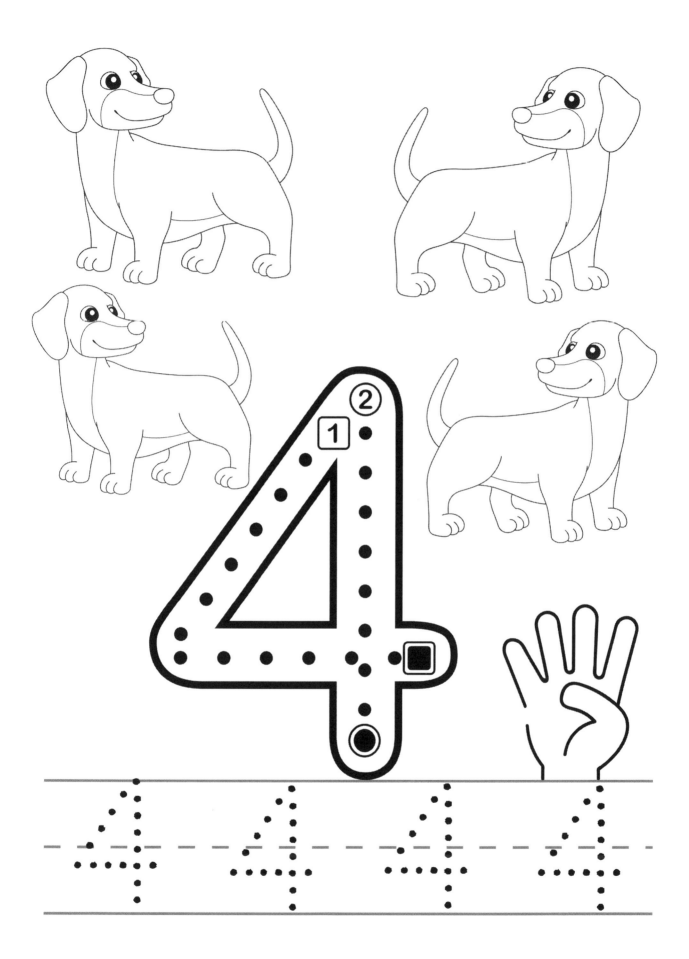

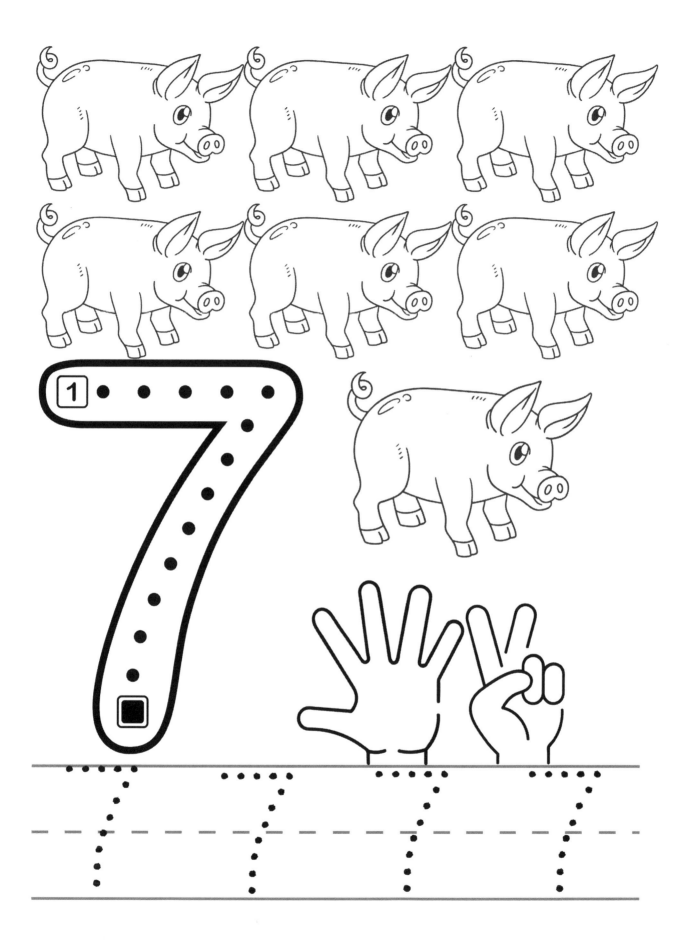

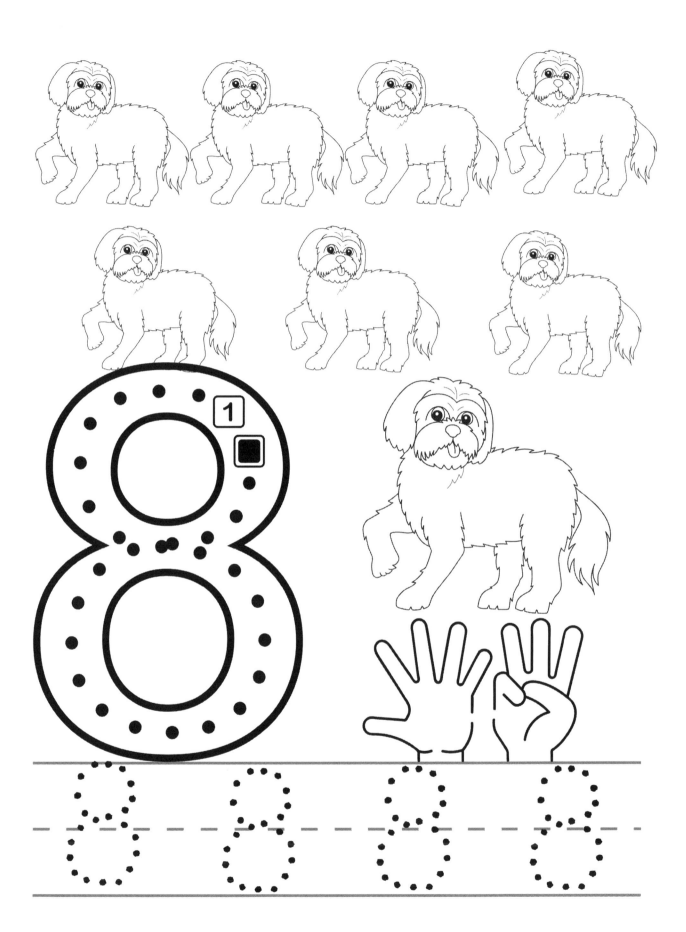

Made in United States
Troutdale, OR
12/01/2024

25418072R00073